FLOTTE

CHARBONNIÈRE FRANÇAISE

TRANSPORTS PAR CHALANDS DE MER

PROJET

par

F. DEPEAUX

Négociant-Armateur,
Ancien Propriétaire de Mines en Pays de Galles,
Importateur de houilles en France,
Président-Fondateur du Comité des Importateurs de houilles
par le Port de Rouen.

JUILLET 1917.

FLOTTE

CHARBONNIÈRE FRANÇAISE

TRANSPORTS PAR CHALANDS DE MER

PROJET

par

F. DEPEAUX

Négociant-Armateur,
Ancien Propriétaire de Mines en Pays de Galles,
Importateur de houilles en France,
Président-Fondateur du Comité des Importateurs de houilles
par le Port de Rouen.

JUILLET 1917.

FLOTTE CHARBONNIÈRE FRANÇAISE

PROJET

A Monsieur De MONZIE,

Sous-Secrétaire d'Etat de la Marine marchande

et des Transports maritimes,

à PARIS.

Monsieur le Ministre,

EXPOSÉ. — Lorsqu'en **janvier 1915** nous avons suggéré à M. le Ministre des Travaux publics — chargé à cette époque de nos approvisionnements en houilles — **d'acheter des navires et de constituer une flotte charbonnière** (ce qui, les faits l'ont surabondamment démontré, eût été une excellente opération puisque le prix des navires était alors de 10 livres sterling et qu'il est maintenant de 50 à 60 livres par tonne de portée) et de faire gérer cette flotte — que l'on aurait pu augmenter à mesure des besoins — par un Comité d'armateurs français, la question était alors entière étant donné qu'il n'y avait pas encore eu hausse sur les prix des constructions navales ; la situation était donc beaucoup moins difficile à résoudre qu'elle ne l'est présentement.

Le fret des charbons, quoiqu'ayant déjà subi une augmentation, n'était du Pays de Galles à Rouen (¹) que de 14 shillings par tonne ; il est aujourd'hui taxé à 48 shillings, mais en réalité de 70 shillings avec tendance continue à la hausse.

Par la constitution d'une flotte charbonnière achetée au cours des constructions navales de janvier-mars 1915, la France aurait payé pour le

---

(1) Nous prenons Rouen comme exemple, parce que Rouen est le principal port français pour l'importation des houilles étrangères.

transport des houilles dont elle a eu et a encore tant besoin des frets beaucoup moins élevés que ceux qu'il lui a fallu débourser et qui se chiffrent par centaines de millions.

Si une flotte charbonnière avait été constituée par des achats de vapeurs au commencement de 1915 et qu'elle eût été dirigée par des « hommes du métier », ainsi que nous le suggérions alors, la France eût pu effectuer elle-même pour la presque totalité ses transports de houilles qu'il lui faut acheter en Royaume-Uni ; ces frets lui auraient coûté de **15 à 30 francs par tonne, qui seraient restés en France puisqu'ils auraient été payés à des navires français,** tandis qu'elle a payé successivement de 20 à 30, 40, 50 et 60 francs par tonne qui **sont sortis de France** pour aller enrichir les étrangers, alliés ou neutres.

Présentement, le fret est d'environ **70 francs par tonne,** et encore est-il presque impossible de trouver des navires à ce prix.

Étant donné que nos importations de houilles anglaises ont été :

En 1915................ de 19.987.810 tonnes.
— 1916................ de 20.956.081   »
— 1917 (1er janvier au 30 juin). de   8.925.285   »

le calcul est facile à faire de **la perte énorme** que nous avons éprouvée parce que certains de nos Ministres des Travaux publics, mais plutôt peut-être de hauts fonctionnaires dudit Ministère (2), n'ont pas voulu, quoique ignorants des questions commerciales, suivre — voire même écouter — les conseils de gens compétents !

Ce qui aurait dû être fait au commencement de 1915 devrait, croyons-nous, l'être maintenant, quoique dans des conditions beaucoup moins favorables.

En effet, la constitution d'une flotte charbonnière, **bien administrée et dirigée par des hommes du métier** réunis en un Comité-Directeur, permettrait d'obtenir plus de célérité dans les transports, plus d'économie dans l'exploitation des navires et, par conséquent, d'abaisser sensiblement le taux des frets actuels.

Des comptes de frets pour un vapeur de 2.500 tonnes (tonnage moyen de ceux utilisés pour l'importation des houilles dans nos principaux ports) que nous avons établis, il ressort que **le prix du transport** des houilles du Pays de Galles à Rouen par un dit vapeur faisant le voyage en dix jours en comptant aux taux actuels les gages de l'équipage, les assurances

---

(2) On ne s'explique vraiment pas que des questions commerciales et maritimes, au premier chef desquelles dépend l'existence du Pays, aient été confiées à des constructeurs de ponts et de routes ! Pauvre Pays !

sur corps, les frais de pilotage et de port, les vivres, charbons de soutes, huiles et autres fournitures nécessaires à la marche du navire, son entretien, etc., reviendrait net à **35 fr. 50** par tonne ou à 44 fr. 75 en comptant l'intérêt et l'amortissement au taux actuel et sur la valeur présente des navires.

La différence est grande avec les frets présentement payés aux navires neutres, lesquels, encore, les trouvent insuffisants.

M. le Ministre des Travaux publics de 1915-16 n'ayant pas jugé à propos d'appliquer les idées que nous lui avions suggérées dans le Rapport rédigé par nous à sa demande, et ce, malgré que nous ayions pris plusieurs fois la liberté de lui en rappeler les avantages, nous avons cru bien faire quand, *en décembre* 1915, il y eut changement de titulaire au Ministère des Travaux publics, de lui adresser une Note dans laquelle nous disions :

CRISE DES CHARBONS. — « Permettez-moi malgré l'audace que, peut-être, vous
» trouverez à la chose, de vous répéter ce que je disais à votre prédécesseur
» dès fin décembre 1914 : « **Achetez, achetez des navires et faites-les**
» **diriger par des hommes du métier !** »

« L'opération qui eût, alors, été excellente, sera moins bonne présen-
» tement, mais elle sera plus rapide et surtout moins onéreuse pour le
» Pays que la suppression de la taxe des frets en ce que les navires achetés
» — quels que soient leurs prix élevés — **resteront notre propriété**, et
» feront partie de l'**Outillage national dont nous aurons tant besoin d'ici**
» **la fin et après la Guerre.** »

« De plus, si, pour armer ces navires, M. le Ministre de la Marine peut
» et veut bien fournir **en service commandé** (Service de la France) les
» marins nécessaires — dont le nombre ne saurait être bien grand puis-
» qu'une vingtaine d'hommes suffisent pour l'armement d'un vapeur
» charbonnier — le Pays obtiendra alors le transport de ses charbons
» anglais à des frets inférieurs à ceux mêmes de la taxe. Vous aurez donc
» fait une opération qui sera relativement avantageuse et pourra être
» effectuée promptement. »

« Notre flotte charbonnière pourrait être également augmentée avec
» l'aide de l'initiative privée, si l'État, devançant le vote de la Loi sur la
» Marine marchande, depuis si longtemps à l'étude, consentait à faire aux
» Armateurs ou à tout Groupement de Français disposés à mettre des
» capitaux dans l'armement, l'avance des 70 0/0 prévus par la dite loi. »

« **Les Groupements charbonniers** de nos départements qui s'approvi-
» sionnent de houilles anglaises seraient les premiers intéressés à agir
» ainsi.

» L'Etat n'ayant pas hésité à faire des avances de fonds considérables
» pour la construction d'usines nécessaires à la Défense nationale, il semble
» que la raison qui a autorisé ces avances serait pleinement justifiée dans le
» cas du **matériel maritime** actuellement indispensable pour assurer la Vie
» nationale et la Défense du Pays.

» Ces avances s'expliqueraient d'autant mieux que l'Etat pourrait,
» conformément à la Loi projetée, prendre hypothèque sur les navires
» acquis avec son concours ».

« Que l'on ne dise pas qu'il n'est plus possible de se procurer des
» vapeurs, voiliers ou chalands de mer, car il y en a encore actuellement
» un grand nombre dont les propriétaires consentiraient à se défaire à des
» prix il est vrai très élevés mais explicables par les cours actuels des
» frets. »

« Il semble donc que la quantité de navires nécessaires à nos besoins
» actuels pourrait être trouvée. Mais que le Gouvernement, s'il est décidé à
» agir de la sorte, **agisse vite**, sinon il faudra payer plus tard des prix plus
» élevés encore qu'occasionneront la suppression de la taxation des frets et
» la hausse importante **qu'il faut prévoir.**

« Pour terminer, laissez-moi ajouter, Monsieur le Ministre, que là
» encore il y aurait lieu que pour résoudre la question, le Gouvernement
» ait recours à **des hommes du métier**, c'est-à-dire à quelques armateurs
» français **spécialisés dans les transports des houilles**, sous, naturelle-
» ment, le contrôle, soit de M. le Sous-Secrétaire d'Etat aux Transports,
» soit de M. le Sous-Secrétaire d'Etat à la Marine marchande. »

Nos suggestions, en ce qui concerne les transports maritimes des
houilles que la France se trouve dans l'obligation de faire venir du Royaume-
Uni ayant été, encore une fois, sans écho, nous avons profité de ce qu'un
Ministère du Ravitaillement était créé *en mai* 1917 pour lui adresser,
le 1er mai 1917, une nouvelle Note dans laquelle nous disions :

CRISE DES CHARBONS. — Cette crise a été occasionnée par les difficultés de plus en
» plus grandes des transports maritimes dues à la raréfaction des navires
» réquisitionnés pour les besoins de la Guerre et des approvisionnements du
» Royaume britannique, et, depuis quelques mois, à la guerre sous-marine
» que nous font les Allemands, ainsi qu'au manque presque absolu que nous
» avons en France de navires propres aux transports des charbons sous
» notre pavillon. »

« **La première et de beaucoup la plus urgente des questions** à
» **résoudre** serait donc celle de ces transports, et cette question — comme

» toutes autres questions commerciales et industrielles — ne saurait être réso-
» lue de façon pratique que par des hommes du métier. »

« Nous croyons donc qu'il y aurait lieu de former une Commission
» composée de deux Courtiers maritimes et de trois Armateurs français
» spécialisés dans le transport des houilles avec mission de louer ou, **de**
» **préférence, acheter** dans le plus bref délai, le plus grand nombre pos-
» sible de vapeurs, pas trop vieux, de tonnages variant de 500 à 5,000 ton-
» nes (afin que tous nos ports puissent être approvisionnés) propres à ces
» transports et de laisser à ces Armateurs le soin d'organiser l'exploitation
» et de faire naviguer cette flotte charbonnière. »

« Naturellement, il faudrait que la Commission soit munie de tous les
» pouvoirs nécessaires ainsi que des crédits voulus pour pouvoir payer
» comptant les navires qu'elle achèterait.

» Et que l'on n'aille pas dire que les navires manquent, car il en est
» offert tous les jours à des prix, il est vrai, excessifs, mais explicables par
» le taux actuel des frets et la perspective de cours encore plus élevés.

» En agissant ainsi, la France ferait encore une bonne opération (beau-
» coup moins bonne qu'elle l'eut été lorsque je l'ai conseillée en janvier 1915
» puisqu'il lui faudra payer des prix cinq fois plus élevés), car si elle sort
» un capital important pour l'achat de ces vapeurs, ceux-ci lui resteront et
» l'argent des frets ne sortira pas de France pour aller enrichir les
» étrangers. »

Dans une troisième Note sur les moyens propres à enrayer la spéculation
sur les charbons et à amener pratiquement l'unification de leur prix, que
nous adressions le 5 juin 1917 à M. le Ministre du Ravitaillement et des
Transports, nous disions :

« **Que l'Etat prenne la direction de tous les navires français**
» de tous tonnages aptes aux transports des houilles (navires à un seul pont
» et à écoutilles suffisamment grandes), qu'il se fasse rétrocéder **toutes les**
» **charte-parties en cours** pour ces transports du Royaume-Uni en France
» par navires alliés ou neutres et que, par un bureau central à Paris, com-
» posé de quelques importateurs français pris dans nos principaux ports,
» sous le contrôle de l'Etat, ces navires soient répartis **à des frets moyens**
» **uniformes** — à fixer pour chaque port — aux maisons françaises d'im-
» portation des houilles au prorata de leurs besoins dûment justifiés. »

« Le fret maritime étant le principal élément du prix de revient des
» charbons anglais et ceux-ci étant actuellement vendus en Royaume-Uni à
» des prix uniformes, étant donné, de plus, qu'il en est de même pour l'as-
» surance et les frais de réception, il s'ensuivra forcément que leur prix de
» revient dans chacun de nos ports **sera le même** pour tous les importa-

» teurs, ce qui rendra facile la fixation des prix de vente que ceux-ci devront
« pratiquer. »

« **Que l'Etat achète tous les navires** (vapeurs, voiliers et chalands de
» mer) qu'il est encore possible de se procurer ou faire construire afin
» d'augmenter notre flotte charbonnière; **ce sera une bonne opération**
» **malgré le prix très élevé actuel des constructions navales,** car, en
» échange del'argent dépensé pour ces acquisitions, notre flotte commerciale
» (dont on aura tant besoin après la guerre) se trouvera augmentée, et les
» frets payés à **ces navires resteront en France** au lieu d'aller enrichir les
» armateurs étrangers. »

« Enfin, qu'il organise promptement nos importations de houilles
» anglaises par **chalands de mer,** avec le concours d'hommes du métier
» qui, seuls, peuvent dire quel est le genre de construction qu'il faudrait
» adopter; surtout que l'on n'adopte pas, sans tout au moins de profondes
» modifications, les chalands de mer du système Leparmentier qui ne
» peuvent convenir pour le transport des houilles ».

Ce que nous disions alors, nous ne pouvons que le répéter maintenant
et ce, avec d'autant plus de conviction que les évènements ont démontré de
façon absolue que la constitution en une seule flotte, **sous une direction**
unique, de tous les navires qui nous apportent les charbons en France,
serait le meilleur moyen à employer dans les circonstances présentes pour
en obtenir les meilleurs rendements, c'est-à-dire **une augmentation de nos**
importations de houilles et une diminution du prix des frets.

Le projet qui suit est inspiré des idées qui précèdent.

PROJET

COMPOSITION DE LA FLOTTE CHARBONNIÈRE. — La flotte charbonnière serait composée :

A. Des **navires actuellement affrétés par l'Etat** et d'un tonnage d'environ. . . . . ___ tonnes.

B. Des **navires actuellement mis à la disposition des Comités locaux,** d'un tonnage d'environ . . . ___ tonnes.

C. Des **navires charbonniers affrétés par le** Commerce libre, d'un tonnage d'environ . . . . ___ tonnes.

D. Des **navires appartenant à des importateurs français** de houilles qui les affectent à leur Commerce. ___ tonnes.

E. Des **navires mis à la disposition du Gouvernement français** par l'Amirauté anglaise. . . . ___ tonnes.

F. Des **navires que l'Etat devrait,** selon nous, acheter sans hésitation . . . . ___ tonnes.

G. Enfin, d'une **flotte de chalands de mer** à créer dans le plus bref délai possible [3]. . . . . ___ tonnes.

TOTAL [4]. . . ___ tonnes.

Tous ces moyens de transports maritimes réunis, qui formeraient ensemble un total d'environ   tonnes, devraient, semble-t-il, pouvoir transporter facilement — même en tenant compte des vides créés du fait de la guerre sous-marine ou par accidents de mer, vides qui devraient être comblés à mesure qu'ils se produiraient — les 2,400,000 tonnes que la France doit importer chaque mois pour compléter ses besoins de combustibles étrangers.

(3) Cette flotte de chalands serait spécialement affectée aux transports des houilles sur nos ports de la Manche, conformément aux suggestions présentées dans la Note que nous avons eu l'honneur d'adresser le 15 Mai dernier à M. le Ministre du Ravitaillement et que l'on trouvera plus loin.

(4) Le Gouvernement étant, seul, exactement renseigné sur le tonnage de ces différentes catégories de navires, nous croyons préférable de ne pas les indiquer nous-même.

DIRECTION DE LA FLOTTE CHARBONNIÈRE. — La flotte ainsi créée serait dirigée et entretenue par un Comité (aussi peu nombreux que possible, car moins on est, mieux on travaille) **d'hommes du métier** à savoir : Armateurs, Courtiers maritimes, Capitaines au long-cours ou au grand cabotage, Constructeur de navires et Assureur maritime, au nombre d'une dizaine choisis par M. le Sous-Secrétaire d'Etat de la Marine marchande sous le titre de **« Comité-Directeur des Transports de Houilles »** — ou tout autre titre, peu importe, pourvu qu'il indique exactement la chose.

Les premiers soins du Comité seraient :

1º D'établir **une comptabilité commerciale** de façon qu'à tous moments le Ministre puisse se rendre compte des résultats financiers de l'exploitation de la flotte charbonnière.

2º De fixer **les taux des frets** (variables suivant les ports de départ et de destination, les saisons et les évènements) auxquels ils seraient comptés pour chaque voyage à chacun de nos ports.

Ces taux devraient être établis **de façon que les comptes d'exploitation se soldent par un excédent de recettes** afin que l'Etat n'ait pas à « boucher les trous » d'une exploitation qui serait déficitaire ; **cette exploitation ne doit pas être onéreuse si elle est conduite commercialement.**

Les excédents de recettes pourront être employés à des œuvres utiles au Pays, entr'autres au développement de notre Marine marchande.

SIÈGE DU COMITÉ. — Le Comité aurait son Siège à Paris et, autant que possible, dans les locaux mêmes du Sous-Secrétariat de la Marine marchande et des Transports maritimes de façon à être toujours en contact avec le Ministre.

Il serait nécessaire de créer en même temps une **succursale à Londres** pour la direction des navires anglais, notamment de ceux mis à la disposition du Gouvernement français par l'Amirauté britannique, laquelle, probablement, ne verrait pas d'un bon œil des navires anglais dirigés de France, ce qui pourrait donner prétexte à nous les retirer.

La succursale de Londres — ainsi qu'en aurait une importante maison d'armement française — serait sous la Direction du Comité-Directeur de Paris et en contact continuel avec lui. Elle pourrait rendre de grands services pour les achats et les affrètements de navires qui, la plupart du temps, se traitent à Londres.

Cette succursale serait assez facile à organiser, car il lui faudrait peu d'employés faciles à recruter parmi les Français actuellement employés, ou ayant été occupés dans des bureaux d'armement en Angleterre.

Le Comité serait divisé en plusieurs directions, à savoir :

Comptabilité.

Chargements, transports, déchargements et frets (règlement de ceux-ci, etc.)

Exploitation proprement dite des navires de la Flotte (Rapports avec les Capitaines et Armateurs, fournitures de charbons, huiles, graisses et autres matières nécessaires à la marche des navires, réparations, etc.).

Achats, construction et locations de navires qui reviendraient, naturellement, à un Courtier maritime doublé d'un Armateur.

Réparations.

Assurances maritimes.

Questions financières.

Contentieux.

Ces différentes branches seraient dirigées par les Membres du Comité, suivant leurs aptitudes, de façon que chacun soit autant que possible « *the right man in its right place* ».

MAINTIEN ET AUGMENTATION DU TONNAGE DE LA FLOTTE. — Pour maintenir le tonnage de la flotte charbonnière au niveau qu'elle doit avoir pour assurer nos approvisionnements en houille jusqu'à la fin de la guerre et, autant que possible, l'augmenter, il serait nécessaire de prévoir l'affrètement, mais **surtout l'achat immédiat** de nouveaux navires de façon à boucher les vides qui se produiront inévitablement par la guerre sous-marine, l'usure des navires et les accidents de navigation.

RÉSULTATS DE L'EXPLOITATION. — Ainsi que nous l'avons dit plus haut les comptes d'exploitation de la flotte charbonnière devraient être établis de façon à se solder *par un excédent de recettes*, chose facile par la tarification des frets, afin : d'abord de pouvoir payer les frais de cette exploitation et rembourser à l'Etat le fonds de roulement prévu plus loin ; ensuite de former un fonds de prévoyance toujours utile.

Cet **excédent indispensable** serait facile à établir et à réaliser par le prélèvement de un pour cent sur le montant des frets fixés par le Comité-Directeur dès son entrée en fonctions ; il aurait lieu automatiquement au règlement de chaque fret, à chaque voyage et sur chaque navire. Or, comme les navires sont nombreux et les frets élevés, il est probable que ce pourcentage très minime suffirait pour obtenir les résultats désirés. Si au bout d'un mois d'exploitation il était reconnu insuffisant, le Comité-Directeur aurait le droit de l'augmenter dans la proportion voulue pour obtenir l'excédent nécessaire aux buts à atteindre.

FONDS DE ROULEMENT. — Pour « mettre en route » l'exploitation de la flotte charbonnière, il serait indispensable que l'État fasse l'avance **d'un fonds de roulement** qui lui serait remboursé à mesure des excédents de recettes et ce dans une proportion à déterminer de façon qu'il reste toujours en caisse le capital nécessaire au bon fonctionnement de la dite flotte.

Le montant du fonds de roulement serait déterminé par le Comité-Directeur dès son entrée en fonctions.

CONDITION ESSENTIELLE — Une autre condition essentielle pour que la gestion de la Flotte charbonnière donne de bons résultats serait que le Comité-Directeur ait **entière liberté d'action** — sous, naturellement, le contrôle de M. le Sous-Secrétaire d'État de la Marine marchande et des Transports maritimes, — et que ses opérations ne soient, en aucune façon, entravées par des formalités ou des retards administratifs quelconques.

Du reste, nous ne croyons pas que des hommes connaissant bien les affaires commerciales et maritimes accepteraient de donner leur concours pour l'organisation d'une pareille entreprise s'ils n'avaient l'assurance que leurs efforts ne seraient pas entravés par des habitudes administratives dont chacun en France ne connaît que trop les résultats déplorables.

CHOIX DES MEMBRES DU COMITÉ. — Les Membres du Comité seraient, comme dit plus haut, choisis par M. le Sous-Secrétaire d'État de la Marine marchande et des Transports maritimes, de façon que nos grands ports [5] d'importation de houilles étrangères aient un représentant au sein du Comité (Armateurs, Courtier ou Assureur maritimes, Capitaine au long cours ou au grand cabotage, Constructeur de navires).

(5) Dunkerque, Calais et Boulogne — Le Tréport et Dieppe — Le Havre et Fécamp, Rouen (et Paris) — Honfleur, Deauville et Caen — Cherbourg, Granville et Saint-Malo — Morlaix, Brest et Lorient — Saint-Nazaire et Nantes — La Rochelle, Rochefort et La Pallice — Bordeaux et Bayonne — Marseille et la côte Méditerranéenne.

AUTRE ORGANISATION

Une autre organisation, pour utiliser notre flotte charbonnière à son maximum de rendement consisterait à affecter à chacun de nos ports qui doivent être exclusivement approvisionnés de houilles anglaises, un ou plusieurs vapeurs du tonnage voulu pour ces ports et d'en confier la gestion (c'est-à-dire le soin de les faire naviguer, charger et décharger aussi rapidement que possible, de s'occuper du règlement des frets, etc.) à une maison d'armement choisie dans chaque port.

Ce système, qui aurait les avantages « de la division du travail », ne nous paraît pas toutefois pouvoir être appliqué dans les circonstances actuelles où l'**Unité de direction** est plus que jamais nécessaire.

Une autre raison que cette Unité de Direction soit **la base** de l'organisme à créer pour l'utilisation de notre flotte charbonnière est qu'il peut se faire que les événements obligent, à certains moments, de concentrer nos arrivages de houilles étrangères sur certains ports et de les suspendre sur d'autres. Comment le ferait-on très rapidement — ainsi qu'il convient que les choses se fassent par les temps qui courent — si les navires sont disséminés sous plusieurs directions ?

De plus, comment organiserait-on **une comptabilité, qu'il faut unique,** pour qu'à tous moments le Ministre et le Comité-Directeur puissent se rendre compte des résultats obtenus, si les comptables se trouvent disséminés dans de nombreux ports de France ?

Comment arriverait-on à substituer un navire à un autre affecté à un port, pour le diriger sur un autre port, au cas où ceux qui les desservent viendraient à être torpillés, arrêtés ou perdus, si la Direction de la flotte n'est pas aux mains d'un Comité **central** siégeant près du Ministre, c'est-à-dire près du « Contrôleur-général » de la flotte charbonnière ?

Il y aurait encore d'autres arguments à donner pour **la centralisation** que nous préconisons aujourd'hui — bien qu'en temps normal nous en soyons nettement adversaire — de la Direction de la flotte charbonnière **à Paris** (avec succursale à Londres), mais nous croyons qu'il suffira de rappeler ce que les événements nous ont appris : à savoir que par les temps que nous traversons **il faut en toutes choses** desquelles dépendent la Vie nationale et la Victoire **une unité absolue de direction.**

Veuillez agréer, Monsieur le Ministre, l'assurance de mes sentiments très dévoués.

DEPEAUX,

15 Mai 1917.

NOTE

RELATIVE AUX TRANSPORTS MARITIMES

DES HOUILLES ANGLAISES

par

CHALANDS DE MER

Personne, jusqu'ici, ne paraît s'être dit que pour diminuer les risques de torpillage des navires qui nous apportent en France les houilles du Royaume-Uni, il faudrait leur faire parcourir des routes moins longues et, par suite, plus faciles à garder contre les méfaits des sous-marins allemands.

Il est d'évidence même qu'un vapeur, même escorté, qui doit parcourir les 400 milles environ [1] qui séparent les ports du Pays de Galles de la rade du Havre (le raisonnement est le même pour les autres ports charbonniers d'Angleterre et d'Ecosse, desquels les distances sont, pour la plupart, plus grandes encore (voir tableau n° 1) court de grands risques d'être torpillé étant donné qu'à la vitesse moyenne de 8 nœuds et demi [2] par temps favorable ce vapeur doit rester à la mer environ 48 heures, par conséquent deux jours et deux nuits, et l'on sait que les pirates boches opèrent surtout pendant la nuit, ayant moins de risques d'être découverts que durant le jour.

Or, il y a sur la côte Sud du Royaume-Uni, à peu de distance des côtes de Normandie (de 64 à 110 milles — voir tableau n° 2) des ports d'où les

---

1. La distance de Cardiff au Havre en lignes droites est de 383 milles marins, mais il faut compter les détours de route. Ces détours par les temps actuels (route ordonnée et arrêts commandés dans certaines rades par l'Amirauté) augmentent de beaucoup cette distance.

2. La vitesse de 8 nœuds et demi est celle des vapeurs charbonniers ayant déjà un certain âge comme tel est le cas pour la plupart des ceux (surtout Norvégiens, Suédois et Danois) actuellement employés pour nos transports de houilles du Royaume-Uni en France. Les vapeurs de construction récente marchent à 9, voire même 9 nœuds et demi, mais les vieux bateaux entre 7 à 8 nœuds, d'où une moyenne d'environ 8 nœuds et demi.

houilles du Pays de Galles, d'Angleterre, voir même d'Ecosse, pourraient être expédiées pour la France.

Ces ports (Southampton, Portsmouth, Littlehampton, Newhaven, etc.) sont, il est vrai, quelque peu éloignés des bassins houillers du Royaume-Uni et c'est pourquoi, jusqu'ici, ils n'ont pas été aménagés en vue de l'exportation des charbons de ces bassins, encore qu'ils possèdent des moyens de chargement à bord des paquebots qui fréquentent Southampton et Newhaven et des navires de guerre qui viennent charbonner à Portsmouth.

Mais avec le sens pratique et la rapidité d'exécution dont nos voisins nous ont donné tant de preuves, nul doute qu'ils ne soient capables d'organiser promptement de puissants moyens de chargement en charpentes qui permettraient d'expédier de ces ports — ou bien encore en des points situés entre eux — la presque totalité du tonnage des houilles destinées aux régions de l'Ouest, du Centre et de l'Est de la France, par conséquent **une grande partie** de ce qui nous est nécessaire.

Ces houilles, amenées par voies ferrées des Pays de Galles, Monmoushire, Yorkshire, Durham, Northumberland, Fifeshire, c'est-à-dire des bassins qui fournissent d'habitude à la France, pourraient en raison de la faible distance entre les côtes anglaises et celles de Normandie — (voir tableau n° 2) — être transportées par des chalands dits **chalands de mer**, lesquels, malheureusement, n'ont pas été compris parmi les navires appelés à profiter de la Loi pour le développement de notre Marine marchande récemment promulguée.

Nous disons « malheureusement », parce que les chalands de mer, en raison de leur prix de revient relativement peu élevé, mais surtout du délai de leur construction infiniment moindre que ceux des vapeurs, pourraient, dans les circonstances actuelles, rendre de très grands services pour les transports des houilles entre le Royaume-Uni et la France.

Si notre idée était adoptée, il y aurait donc lieu que l'Etat se chargeât de faire construire **très rapidement**, ou qu'il confie à une Société d'importateurs de houilles et d'armateurs subventionnée par lui (ce qui vaudrait peut-être mieux) la construction de 150 chalands de mer nécessaires à son application.

Avec un remorquage bien organisé et à condition — chose facile à réaliser — que ces chalands soient chargés rapidement en Angleterre et déchargés de même en France, ceux-ci pourraient effectuer mensuellement quatre voyages pendant les huit mois de belle saison, à savoir :

<pre>
1 jour pour le chargement en Angleterre,
  1   —   la traversée de la Manche,
2 à 3 —   le déchargement en France,
  1   —   le retour en Angleterre,
  1   —   imprévu.
</pre>

Soit : **7 jours pour un voyage.**

Durant la mauvaise saison les voyages seraient moins fréquents, mais nous croyons que l'on pourrait compter sur une moyenne de 2 1/2 à 3 voyages.

Un chaland de 2,000 tonnes transporterait donc pendant les huit mois de temps calmes ou moyens 8,000 tonnes par mois, soit 1,200,000 tonnes pour 150 chalands ou 9,600,000 tonnes pendant les huit mois.

Si, à ce chiffre, on ajoute les 3,000,000 de tonnes environ qui seraient transportées pendant les quatre mauvais mois, on arriverait au total de **12,600,000 tonnes**, par conséquent à **plus de moitié** du tonnage de houilles anglaises nécessaires à nos besoins. L'autre moitié continuerait à être transportée aux autres ports français par les vapeurs charbonniers français, alliés ou neutres, dont nous pouvons encore disposer, ce qui permettrait d'approvisionner ces ports en houilles étrangères mieux qu'ils ne le sont présentement.

Organisation. — Un chaland de mer de 2.000 tonnes d'un type unique et construit en séries pourrait l'être en deux mois environ.

De plus, au taux actuel des constructions navales, ils ne coûteraient qu'environ 500 francs par tonne de portée.

Ce prix, comme on le voit, est très inférieur à celui de la construction des vapeurs de charge qui est actuellement de 15 à 1.800 francs par tonne.

Mais ce qui est surtout de grande importance, c'est qu'un chaland est construit beaucoup plus vite qu'un vapeur, ce qui permettrait, en s'adressant à nos arsenaux en même temps qu'à nos chantiers privés, d'avoir en quelques mois la flotte de chalands de mer nécessaire à la réalisation de notre projet.

Il y a lieu de tenir compte également que la manœuvre d'un chaland de 2,000 tonnes ne nécessite que 4 à 5 matelots, alors que 16 à 18 marins (officiers compris) sont nécessaires pour armer un vapeur de même tonnage.

Pendant que nous ferions construire les chalands, que nous achèterions les remorqueurs et armerions ceux-ci défensivement, nos voisins et alliés, si le projet était admis par eux, auraient le temps d'organiser dans leurs ports de la côte Sud d'Angleterre les moyens pour charger rapidement ces chalands.

Remorquage. — Pour leur remorquage, une vingtaine de toueurs ou chalutiers puissants seraient nécessaires qui pourraient être trouvés en France, mais surtout en Hollande, en Royaume-Uni ou en Amérique. Leur mission consisterait à prendre, aussitôt chargés dans les ports de la côte Sud d'Angleterre, les chalands à destination de nos ports des côtes normandes et de leur faire traverser la Manche.

Cette traversée, étant données les faibles distances (voir tableau n° 2), pourrait, à la vitesse de 7 nœuds, être effectuée entre 10 et 15 heures, par conséquent presque continuellement de jour, et comme les convois de chalands seraient escortés, soit par nos petits torpilleurs, soit par des canonnières ou des chalutiers armés pour la chasse aux sous-marins, ils ne courraient guère de risques de torpillage. Il est, en effet, peu probable que les sous-marins boches essaient de torpiller des convois ainsi organisés, car ils risqueraient beaucoup d'être les premiers à aller par le fond. Les risques de torpillage ou de canonnage seraient encore diminués par le faible tirant d'eau, ainsi que par le peu de hauteur des chalands au-dessus du niveau de la mer.

Mais les Allemands réussiraient-ils à couler un chaland que le malheur, au point de vue des vies humaines et du matériel perdus, serait beaucoup moindre que s'il s'agissait d'un vapeur du même tonnage, puisque, comme nous l'avons déjà fait remarquer, un chaland ne porte que 4 à 5 hommes, au lieu de 16 à 18, et que sa valeur est trois fois moindre que celle d'un steamer de même tonnage.

Lorsque les convois seraient arrivés à destination, les remorqueurs reprendraient les chalands amenés au précédent voyage et qui, dans l'intervalle, auraient été déchargés, ou bien ils retourneraient à leur pleine vitesse chercher d'autres chalands chargés de l'autre côté de la Manche, traversée qui ne prendrait que quelques heures, puisqu'un puissant remorqueur, n'ayant rien à la traîne, file de 10 à 12 nœuds.

Pareilles opérations seraient très faciles au printemps et en été, c'est-à-dire durant la période pendant laquelle la Manche est généralement calme et qui est celle où se font nos approvisionnements de charbons anglais en vue de la mauvaise saison ; elles seraient moins faciles en automne et en hiver, mais toujours possibles, étant donné que la faible distance à parcourir en mer permettrait d'éviter les trop gros temps qui ne sont généralement pas de longue durée dans la Manche.

Approvisionnement de Paris. — Cette manière d'opérer aurait encore pour avantage de permettre l'approvisionnement direct et rapide de Paris, puisque les chalands pourraient remonter jusqu'à la capitale, ce qui éviterait le transbordement des charbons à Rouen, opération coûteuse qui présente, en outre, l'inconvénient de détériorer la marchandise et de lui faire perdre de sa valeur.

Remarques. — Mais pareille entreprise devrait être organisée par des hommes du métier, c'est-à-dire connaissant très bien les questions d'importation des houilles et des transports maritimes. Un Comité de cinq membres suffirait, à condition que pleins pouvoirs et les ressources nécessaires lui soient accordés par l'État pour agir promptement.

Les vapeurs qui, actuellement, effectuent nos transports de charbons anglais aux ports français de la Manche pourraient être également chargés sur la côte Sud d'Angleterre, ce qui diminuerait grandement leurs risques de torpillage et leur permettrait d'effectuer dans un même délai **un plus grand nombre de voyages,** d'où résulterait **une augmentation dans nos importations de houilles.**

A ceux qui traiteraient d'utopie les idées qui précèdent, nous ferons remarquer : d'abord, que les transports par chalands de mer sont déjà en usage dans d'autres pays, notamment en Hollande et en Amérique du Nord ; ensuite que, ce qui était *utopie la veille,* est quelquefois *réalité le lendemain ;* enfin et surtout que notre devoir par les temps qui courent est **de tout essayer** pour porter remède à la crise si grave des charbons que nous traversons et qu'il est de grande importance de résoudre pour la Victoire.

DEPEAUX,

Négociant-Armateur,
Importateur de Houilles,
Ancien propriétaire de Mine en Royaume-Uni.
Président-Fondateur
du Comité des Importateurs de Houilles
par le Port de Rouen.

TABLEAU N° 1

Distances des principaux Ports Charbonniers du Royaume-Uni
à la rade du Havre

BASSINS HOUILLERS	PORTS	DISTANCES
Montmouthshire	Newport, Mon	395 milles
Pays de Galles	Cardiff	383 milles
— d° —	Barry	379 —
— d° —	Swansea	362 —
Yorskire	Hull	300 milles
— d° —	Goole	280 —
Durham	Hartlepool	380 milles
— d° —	Sunderland	385 —
— d° —	South-Shields	400 —
Northumberland	Norht-Shields	400 milles
— d° —	Blyth	415 —
— d° —	Warkworth	435 —
Fifeshire	Burntisland	508 milles
et	Leith	510 —
autres bassins houillers		
d'Ecosse	Glasgow	625 —

TABLEAU N° 2

Distances des Ports de la Côte Sud d'Angleterre
aux Ports de France (Normandie)

PORTS ANGLAIS	PORTS FRANÇAIS	DISTANCES
Newhaven	à Dieppe	64 milles
— d° —	Le Havre	76 —
— d° —	à Caen (Ouistreham)	90 —
— d° —	Cherbourg	96 —
Littlehampton	à Fécamp	72 milles
— d° —	Honfleur	110 —
— d° —	Deauville	105 —
Portsmouth	à Dieppe	92 milles
— d° —	Le Havre	90 —
— d° —	à Caen (Ouistreham)	94 —
— d° —	Cherbourg	68 —
Southampton	à Dieppe	106 milles
— d° —	Le Havre	104 —
— d° —	à Caen (Ouistreham)	108 —
— d° —	Cherbourg	82 —

DEUXIÈME NOTE

SUR

L'IMPORTATION DES HOUILLES ANGLAISES
PAR CHALANDS DE MER

(Projet DEPEAUX)

Le premier point à résoudre pour mettre ce projet à exécution est de s'assurer le concours indispensable du Gouvernement Britannique et des Compagnies de Chemins de fer anglaises intéressées.

A ce sujet, nous devons signaler que, déjà, d'Angleterre, on nous a fait remarquer que les ports de Southampton et de Portsmouth étaient très encombrés par les mouvements des navires de guerre et des transports de troupes, ce qui donne lieu de craindre qu'on ne puisse installer **dans ces ports** des moyens de chargement rapides des houilles en provenance de divers bassins miniers du Royaume-Uni ; mais, ainsi qu'expliqué dans notre première Note, il existe sur la côte Sud anglaise — notamment sur le Spithead — des points où, très probablement, des moyens de chargement des houilles pourraient être installés promptement. Pour cela il n'y aurait qu'à s'en rapporter à nos Alliés s'ils en acceptent l'idée.

Le deuxième point à résoudre est celui du type de chalands à adopter.

Il est évident que pour avoir **promptement** le nombre nécessaire de ces chalands, il faudrait qu'ils soient construits **en séries**, par conséquent tous du même type et de même tonnage.

A ce sujet, il y a lieu de faire remarquer :

1° Que **plus le tonnage sera grand, plus les chalands seront solides à la mer.**

2° Que **leur prix de revient par tonne diminuera** en proportion de la portée.

3° Que le **travail qu'ils effectueront sera plus important** et le prix du fret moindre suivant qu'ils seront plus grands.

Il y aurait donc lieu de s'en tenir à un type d'une **portée d'environ 2.000 tonnes**, sauf, toutefois, pour les chalands destinés à l'approvisionnement de Paris et dont les dimensions seraient forcément limitées à la profondeur d'eau et aux dimensions des écluses de la Seine fluviale.

Le type de chalands à adopter devrait être soumis à un Comité composé de quelques hommes du métier (Armateurs, Capitaines de marine marchande, Importateurs de houilles, Entrepreneurs de déchargements) qui, **seuls**, pourront dire s'ils sont du type voulu.

Au point de vue de la stabilité à la mer et des opérations de chargement et de déchargement, que l'on n'adopte pas les chalands du système Leparmentier qui ne seraient nullement propres au transport rapide des houilles.

Du reste, il existe en Hollande, au Canada et aux Etats-Unis un type de chalands de mer — où de grands chalands naviguent sur les lacs — qui pourraient servir de modèles.

Mais, surtout, que l'on **agisse vite** si l'on veut forcer les importations pendant la belle saison actuelle et être complètement prêts pour l'hiver prochain.

Dx.

www.ingramcontent.com/pod-product-compliance
Ingram Content Group UK Ltd.
Pitfield, Milton Keynes, MK11 3LW, UK
UKHW020114100726
13658UKWH00005B/2174